ÉLOGE BIOGRAPHIQUE

DE

VAISSIÈRE

MEMBRE HONORAIRE

DE L'ACADÉMIE DES SCIENCES, BELLES-LETTRES ET ARTS DE CLERMONT

Par M. CONCHON

Conseiller à la Cour impériale de Riom ; Membre de la même Académie

Lu à l'Académie de Clermont, le 7 février 1856.

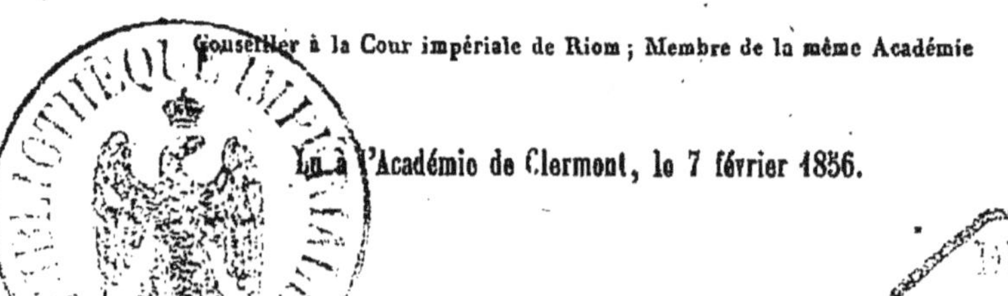

CLERMONT-FERRAND

IMPRIMERIE DE FERDINAND THIBAUD, LIBRAIRE

Rue Saint-Genès, 10

1856.

ÉLOGE BIOGRAPHIQUE

DE

VAISSIÈRE

MEMBRE HONORAIRE DE L'ACADÉMIE DES SCIENCES, BELLES-LETTRES ET ARTS
DE CLERMONT

Par M. CONCHON

Conseiller à la Cour impériale de Riom, Membre de la même Académie

Lu à l'Académie de Clermont, le 7 février 1856.

————⋖●●⋗————

MESSIEURS,

Si Joseph Vaissière n'appartient point à l'Auvergne par son berceau, notre province a le droit de se l'approprier, car elle l'avait adopté, et cette adoption remonte au jour où, sans autre bagage que celui de son talent, il vint prendre la direction de l'*Ami de la Charte*. Depuis lors il est devenu notre compatriote ; et sa patrie d'origine, si elle ne fut jamais oubliée, s'était au moins quelque peu effacée dans la patrie de son choix. Pouvait-il donc en être autrement ? N'est-ce pas en effet au milieu de nous que se sont écoulées les plus belles années de sa vie ? N'est-ce pas au milieu de nous qu'a lutté le polémiste si spirituel et si fécond, qu'a chanté le poète si élégant et si harmonieux ? N'est-ce pas au milieu de nous que s'est montré dans toute sa riche nature, l'homme aimable tant recherché à cause des séductions de son esprit, tant aimé à cause de l'inépuisable bonté de son cœur? Et lorsque, vaincu par la maladie, la lyre s'est échappée de ses mains, n'est-ce pas encore au milieu de nous que s'est élevée cette tombe inaugurée par tant de regrets, et journellement consacrée par tant de pieuses larmes? Oh! oui, Messieurs, il fut bien l'enfant de l'Auvergne, celui dont nous allons vous présenter la biographie, car la patrie est-ce donc autre chose que ce petit morceau de terre où l'on a vécu heureux et considéré, et où se trouvent quelques vieux amis qui se souviennent de votre passage et qui pleurent votre départ?

Jean-Joseph-Basile VAISSIÈRE est né dans la petite ville de Saint-Antonin, et il semble avoir voulu indiquer la date de sa naissance dans ce joli couplet.

> De ma naissance a lui l'anniversaire,
> Du mois de mai c'est le troisième jour.
> Heureux enfant, j'arrivai sur la terre
> Quand tout brillait d'allégresse et d'amour;
> Ma grand'maman, qui savait bien des choses,
> M'a raconté qu'étant tout larmoyant,
> Pour m'apaiser l'on me montra des roses.
> Beau mois de mai, sois-moi toujours riant.

Toutefois cette date paraît un peu infirmée par l'acte civil que nous avons sous les yeux, et qui la fixe au 4 ventôse an VI.

Il fit ses études classiques à Toulouse, et était reçu à l'âge de 20 ans licencié en droit à la faculté de cette ville. Mais la vocation de Vaissière paraissait peu compatible avec les laborieuses méditations du jurisconsulte. *La quatre falcidie et la trébellianique* n'avaient, disait-il, jamais eu pour lui beaucoup d'attraits, et cependant nous sommes convaincus que, s'il eût voulu appliquer aux études de la jurisprudence les facultés de son intelligence, il aurait eu dans la carrière du barreau d'incontestables succès, car il était doué d'une haute raison, d'une puissante mémoire, d'une vive sagacité, et d'un jugement pratique qui ne faisait jamais fausse route. Naturellement porté aux généralités de la synthèse, son esprit, nous n'en doutons pas, se serait, sans de grands efforts, prêté aux détails de l'analyse. Ceux qui, comme nous, ont vécu dans sa familiarité, pourraient vous dire ce qu'il était, dans ces controverses improvisées par le laisser-aller de la conversation, et tout ce qu'il savait y jeter de piquantes saillies, de verve originale et d'ingénieux aperçus. — Vaissière aimait la discussion, et nul n'avait un flair plus délicat pour dépister le paradoxe ; à coup sûr, il eût été un habile jouteur au palais. Ces qualités firent de lui un journaliste ; son imagination et son exquise sensibilité en avaient fait un poète.

La Restauration, Messieurs, et le gouvernement représentatif avaient créé à la jeunesse instruite de cette époque une profession qui n'exigeait ni patente ni diplôme. La liberté de la tribune, en mettant en relief quelques hommes et quelques idées, avait ouvert la porte à une autre liberté : celle-là, rivale et souvent antagoniste de la première, donnait une arène à de légitimes ambitions, à des talents jusque-là ignorés et qui demandaient à se produire. Pure alors des excès dont elle devait se souiller dans un avenir sans probabilité, la liberté de la presse pouvait-elle ne pas devenir l'idole de cette génération de jeunes hommes aux nobles élans, aux aspirations généreuses, aux patriotiques dévouements? Pouvait-elle ne pas voir se grouper autour de son drapeau ces enfants du siècle qui ne demandaient au pouvoir d'autre faveur que le maintien de la société telle que la marche du temps et la volonté du roi l'avaient faite, et l'unique privilége de ne pas rétrograder dans le passé? Telle était, à ce moment de luttes vives sans doute, mais loyales, la politique de ces hommes issus de nos écoles, et dont quelques-uns devaient s'asseoir dans les conseils de la couronne. Nous ne craignons pas de l'affirmer, si l'idée d'une république existait en germe dans quelques cerveaux incandescents, elle était repoussée par tout ce qui, dans le pays, ayant un sens droit et l'expérience du passé, ne se laissait point aller aux séductions d'irréalisables utopies.

Vaissière était à peine âgé de **21** ans lorsqu'il

vint à Paris essayer ses forces dans cette grande mêlée de publicistes improvisés pour la plupart par le désir d'apporter leur modeste labeur à l'édifice de notre constitution. Il s'attacha à la rédaction d'un journal dont l'existence éphémère n'a laissé de son passage qu'un titre exhumé de la littérature grecque. Il travailla à l'*Aristarque*. Ici, Messieurs, un peu de confusion se mêle à nos souvenirs, et nous ne pourrions affirmer sans crainte d'erreur, si ce n'est point à cette collaboration commune qu'il faut rapporter l'origine de ses relations avec M. Thiers; mais ce dont nous sommes certain, c'est que ces relations eurent pour point de départ le premier séjour de Vaissière à Paris, et que plus tard la haute position de l'homme d'Etat ne lui fit point oublier cette confraternité, née pour tous les deux de la plume de l'écrivain.

La fondation de l'*Ami de la Charte* remonte à 1820. L'apparition de cette feuille, dont l'esprit et les tendances se révélaient par son titre, avait éveillé chez nous les inquiétudes de l'autorité. Créée dans une pensée d'opposition à des actes souvent en désaccord avec le texte et les promesses d'une constitution trop libérale aux regards de quelques individualités éprises d'un régime impossible, au moins quant à sa durée, cette feuille était rédigée par des citoyens dont le zèle faiblissait parfois devant les exigences de leur profession. Elle avait besoin d'une direction unique, un appel fut fait à Vaissière ; il y répondit sans hésiter, et devint ainsi le rédacteur titulaire de l'*Ami de la Charte.*

Peu favorisé des dons de la fortune, Vaissière arriva en Auvergne, sous le seul patronage d'un magistrat étranger lui-même au pays (1). Son porteau-manteau de voyage, comme celui de tant d'autres écrivains devenus enfants de leurs œuvres, ne renfermait à peu près que sa plume et son écritoire. Le journal n'était pas riche, et les sympathies du pouvoir ne semblaient point alors prédire à la feuille et à son rédacteur un opulent avenir. Vaissière accepta sa modeste position, et n'en discuta ni les conditions ni les éventualités, car il avait foi dans ses convictions, et comptait sur sa modeste pacotille.

Les premiers articles publiés par le jeune journaliste signalèrent un talent qui devait rapidement grandir et se fortifier. L'on n'a point oublié, quoique bien des années se soient amoncelées sur ce souvenir, le spirituel récit par lequel il inaugura sa bien venue. Une promenade à Montrognon lui en inspira le sujet. Faut-il, Messieurs, vous en rappeler quelques traits ? La nature poétique et rêveuse de Vaissière, et ses dispositions natives à une piquante raillerie, s'y manifestent dans toute leur originalité. Il aimait la solitude des champs, et se plaisait à ces pérégrinations

---

(1) M. Réalier-Dumas, conseiller à la Cour de Riom.

sans but arrêté , *où l'on va toujours sans savoir où l'on va.* Or, un jour notre journaliste sortit de son cabinet, le cerveau noirci des vapeurs de la politique ; il venait, disait-il, d'analyser un discours de M. de Bonald. Tout en marchant et rêvant, il arrive sur le coteau de Montrognon. La course avait été longue et l'avait fatigué ; Vaissière se reposa et s'endormit, la tête appuyée sur une pierre , à *la façon de Jacob à son retour de la Mésopotamie.* Le sommeil est, dit-on, le père des rêves, et ceux qui rêvent les yeux ouverts, comme Jean-Jacques et le bon La Fontaine , sont bien mieux disposés à rêver les yeux fermés. Vaissière eut donc un rêve gracieux d'abord, mais qui, pareil au songe d'Athalie , devait se terminer par un affreux cauchemar. Ce rêve , il le raconta à ses abonnés avec cette malicieuse bonhomie dont il commençait à avoir le secret.

Par un coup de baguette du dieu du sommeil , le journaliste est transformé en troubadour. Comme vous le voyez, Messieurs ,

> Souvent un peu de vérité
> Se mêle au plus grossier mensonge.

Les vieilles ruines dispersées sur le sol se dressent en château féodal, avec ses créneaux et ses tourelles, ses meurtrières et ses machicoulis. Nous sommes en plein Moyen-Age : le château a son seigneur, le seigneur ses vassaux , ses serfs et sa justice haute, moyenne et basse. La poésie avait alors ses privilèges et ses immunités. Grâce à la gaie science dont ils étaient les interprètes, les troubadours, *dans ces temps de liberté*, pouvaient voyager sans passeports, et reîtres, routiers et mauvais garçons les saluaient à leur passage. Les ponts-levis et les herses des vieux manoirs s'abaissaient aux refrains de leurs mandolines. Vaissière, qui avait la sienne, était sûr du plus gracieux accueil. Et puis tout était en liesse au château : c'était le jour des fiançailles de Mademoiselle Edelmonde de Montrognon avec le sire d'Orcival. Il fut invité au repas de noces, repas homérique, selon l'usage, et assista à la signature du contrat, qui ne fut pas signé, à cause des hautes qualités des contractants. Le père de la fiancée s'y montra d'une libéralité toute princière, car il donna à sa fille plusieurs domaines appartenant à ses vassaux, avec leurs femmes et leurs enfants, *à jamais et à toujours*. Vinrent ensuite les joûtes, les tournois et les *joyeux esbattements*, où il y eut beaucoup de jambes cassées et quelques mâchoires démontées ; et comme il n'y a pas de bonne fête sans lendemain, les conviés de la veille furent invités à assister au supplice d'un pauvre jeune serf de la seigneurie, coupable, selon la loi, d'avoir déserté les terres de son seigneur, pour épouser, sur les terres d'un seigneur voisin, une jolie fille dont il était épris, faisant, par cet acte, grand dommage à son maître, qu'il privait de sa chose et de son croît pour en enrichir un autre seigneur. — Vaissière se réveilla en sursaut, heureux de ne voir autour de lui que les vieux débris du château de Montrognon, et il rentra bien vite dans son petit réduit de journaliste, où dormaient, du sommeil le plus fraternel, le *Constitutionnel*, la *Quotidienne*, le *Courrier français*, le *Drapeau blanc*, et le discours de M. de Bonald.

Cette vision, bien décolorée sous notre plume, fit grand scandale dans un certain monde. Le rédacteur y fut traité de visionnaire. On lui reprocha, non sans raison, son ignorance de l'ancien droit féodal de la province. Le rêve, s'écriaient les feudistes, est une abominable calomnie contre nos ancêtres du douzième siècle. La servitude personnelle était inconnue en Auvergne : l'allodialité était le droit commun de notre pays. Le seigneur de Montrognon, s'il en exista jamais, ne pouvait donner des serfs à sa fille, et moins encore en faire pendre dans la cour de son château. La critique était fondée, et Vaissière l'accepta de bonne grâce. Toutefois, ses avocats répondirent pour lui que son seul tort avait été de mal choisir la pierre qui lui servit d'oreiller, car si, au lieu de la prendre sur le pic de Montrognon, il fût allé la chercher sur l'un des nombreux coteaux de la Combraille ou de la Marche, son rêve eût été irréprochable, au point de vue de la critique la plus exigeante.

Quoi qu'il en soit, l'article eut un grand succès, même parmi les jurisconsultes, et fit tirer du talent de

son auteur un horoscope dont chaque jour devait ame-
ner la réalisation. Il lui conquit au milieu de nous son
droit de cité.

Cependant, Messieurs, ce droit lui fut vivement
contesté : une feuille rivale le revendiqua pour elle
seule, invoquant en sa faveur *la coutume* et *l'usage*;
mais *l'usage* et *la coutume* ne parurent pas au nouvel
arrivant une raison suffisante pour céder la petite
place que la liberté de discussion consacrée par la
loi, et une cordiale hospitalité lui avaient faite. Il
s'apprêta donc à s'y maintenir. Les situations n'é-
taient pourtant point égales, si les droits étaient
égaux. La feuille aînée avait pour elle, outre le privilége d'une longue et paisible possession, celui bien
autrement important de toutes les gracieusetés de
l'administration. Vaissière comptait sur celles de
l'opinion; elles ne lui firent point défaut.

Pardonnez-nous, Messieurs, si, ayant à vous parler
d'un collègue dont une partie de l'existence se con-
suma au milieu des controverses ardentes du journalisme, nous nous trouvons entraînés à faire quelques ex-
cursions sur le domaine de la politique. Notre excuse est
dans les nécessités de notre sujet; et d'ailleurs la politique, coupable au temps où nous vivons, de tant de
frauduleuses introductions, le sera-t-elle bien davan-
tage, en forçant un peu la consigne de nos paisibles
académies? L'histoire contemporaine n'a-t-elle donc
pas aussi son aréopage naturel parmi les hommes habi-

tués par leurs études à juger celle des temps passés (1)?

Lorsque Vaissière vint prendre la direction de l'*Ami de la Charte*, il existait en France un parti qui se disait plus royaliste que le roi, et dont les directeurs occupaient de hautes positions dans l'Etat. Accusé de tendances rétrogrades contre lesquelles protestaient le sentiment national et la raison éclairée du souverain, on lui donnait pour chef le prince le plus rapproché de la couronne. Le lâche attentat du 13 février, en renversant un ministère selon le cœur de Louis XVIII, mettait en évidence toute la puissance de ce parti. L'antagonisme de l'ancien régime contre les institutions créées par la charte était flagrant, et la vieille aristocratie pouvait sortir d'une révolution parlementaire. — Du reste il n'était pas douteux que cette révolution, si elle éclatait, avorterait à sa naissance. Mais n'amènerait-elle pas de graves et de sanglants conflits? La nation se laisserait-elle dépouiller, même pour quelques jours, sans combattre, de ses conquêtes achetées au prix de tant de sacrifices et de

---

(1) Notre pensée serait, du reste, bien mal interprétée, s'il était possible d'y trouver autre chose qu'une appréciation froide et désintéressée des idées et des faits d'une époque à laquelle peut-être pourrait s'appliquer ce vers du poète :

Iliacos intrà muros peccatur et extrà.

Les accusations irritantes et rétrospectives ne vont ni à nos habitudes ni à notre caractère, et toutes les opinions sincères professées par des hommes honorables ont droit à nos respects.

tant de malheurs ? La chute du ministère Richelieu, qui avait suivi à moins de deux années de distance celle du ministère Decazes, tombé sous les coups de la plus odieuse calomnie ; la loi nouvelle sur les élections, et la majorité sortie de cette loi ; enfin la composition d'un cabinet où figuraient des hommes d'une incontestable capacité pour la plupart, mais d'une impopularité notoire, tous ces faits accomplis en quelques mois, n'étaient-ils pas de nature à jeter dans les esprits accoutumés à réfléchir de sérieuses préoccupations, et dans les masses de vives irritations ? L'émeute du 29 juin, la conspiration militaire du 30 août n'eurent certainement pas d'autre cause. A tort ou à raison, l'on appréhendait la résurrection d'un régime dont le pays ne voulait pas, et l'on conspirait pour en conjurer le retour.

Tel était dans la province, comme à Paris, l'état de l'opinion. C'est sur ce terrain que devait combattre l'*Ami de la Charte*. Le journaliste n'avait pas d'autre mandat. Vous savez, Messieurs, comment il fut rempli par Vaissière, et si dans cette lutte quotidienne son courage ne se montra point constamment à la hauteur de son talent.

La vie d'un journal d'opposition, en province, plus encore qu'à Paris, était sujette à bien des vicissitudes et à de nombreux périls. Sans parler des capricieuses exigences des abonnés, ces juges sans appel du mérite d'un rédacteur, il y avait encore à compter avec l'autorité ; et à se prémunir contre les surveillances toujours un peu inquisitoriales des officiers du parquet. Le retrait d'un brevet d'imprimeur, la menace d'une poursuite judiciaire étaient alors pour le journaliste comme les lettres flamboyantes du festin de Balthazar. Puis il y avait aussi la censure, qui de temps à autre tenait ses grands jours, et apparaissait avec ses instruments de torture. Vaissière fut fréquemment appelé à la barre de ce redoutable tribunal, mais, grâce à la dextérité de son esprit, et à l'ingénieuse souplesse de son style, il put sortir du prétoire, sans de trop grandes mutilations.

Le journal fut moins heureux avec la justice répressive. Il eut à subir un procès à la police correctionnelle, qui se termina par une condamnation sévère.

L'article, objet de la poursuite, avait été publié peu de jours après l'avénement de Charles X. Il était entièrement étranger à la rédaction de Vaissière, qui se trouvait à Saint-Antonin au moment de sa publication. Il avait été envoyé de Paris, et émanait d'une plume exercée ; mais rien ne ressemblait moins au style et à la polémique du rédacteur officiel de l'*Ami de la Charte*. Personne ne pouvait s'y méprendre. La prévention y signala de nombreux délits ; le plus grave et le moins apparent était celui d'offense au roi. Vaissière avait blâmé l'article en la forme et au fond. Il crut pourtant devoir revêtir sa robe d'avocat pour défendre la feuille qui lui avait prêté ses

colonnes. Il y avait un devoir à remplir, des principes
à proclamer, une profession de foi politique à faire,
en face du pays. Ce fut pour le département une
grande solennité judiciaire. L'organe de l'accusation
était un magistrat habile et dont la parole avait de
l'autorité. Dans ce combat, le défenseur du journal
eut un succès incontesté, même par ses adversaires.
Témoin du tournoi, qu'il nous soit permis, Messieurs,
d'évoquer encore ce souvenir. Le plaidoyer de Vaissière nous a été conservé. Daignez en écouter quelques passages; ils vous montreront ce qu'eût été le
publiciste si, dans le choix de sa profession, il eût
donné la préférence à la carrière du barreau.

Le chef du délit dont Vaissière tenait avant tout à
exonérer le journal, était celui d'offense à la personne
du roi. Pour le journaliste officiel, cette accusation
soulevait moins une question de principes que de dignité personnelle. Il ne pouvait, quoique innocent du
fait matériel, accepter même l'insinuation d'une com-
plicité morale.

La prévention faisait sortir le délit d'une seule
phrase :

« Un homme franc, disait l'article, prend les
» rênes de l'Etat. Ses premiers actes sont au grand
» jour; il dit : Regardez-moi, je règne pour vous;
» le peuple étonné s'avance en hésitant. »

Ecoutez, maintenant, Messieurs, la réponse de
l'avocat à cette accusation :

« S'il était vrai qu'une offense eût été commise en-
» vers cette personne sacrée qui n'a pas besoin du
» voile de l'inviolabilité pour être universellement
» respectée, je ne viendrais pas souiller le beau
» ministère que j'exerce pour la première fois, en
» cherchant à justifier ce qui, comme à vous, me
» paraîtrait une sacrilége profanation, et je me con-
» tenterais d'alléguer l'ignorance de celui dont les
» intérêts me sont remis, en *vouant à la haine et*
» *au mépris l'auteur de ce criminel attentat.* »

Examinant ensuite la qualification d'homme franc
donnée au chef de l'Etat, Vaissière disait :

« Nous en avons la certitude, Charles X, dont les
» paroles et les actes respirent la loyauté la plus
» chevaleresque, ne répudierait point la qualifica-
» tion d'homme franc. Loin de s'en tenir offensé,
» nous croyons que le petit-fils de Henri IV serait
» fier de la porter ; et si l'amour de ses sujets n'a-
» vait attaché à son nom le titre si doux de *bien-*
» *aimé*, croyez-vous que celui de Charles-le-Franc
» ne lui fût pas glorieux aux regards de la postérité ?

. . . .

. . . .

» Que dans les palais de l'Orient, un despote en-
» touré d'esclaves, s'offense d'avoir quelque chose
» de commun avec les êtres dégradés qui l'entou-
» rent, et s'attribue quelque affinité avec les dieux,
» cela se conçoit ; mais, dans nos Etats civilisés et

» chrétiens, si un prince oubliait qu'il a une origine
» pareille à la nôtre, et que le Ciel ne l'a choisi
» pour lui accorder de plus grandes jouissances que
» parce ce qu'il a de plus grands devoirs à remplir,
» la religion, du haut de la chaire sacrée, le rappel-
» lerait à la condition de l'humanité que Dieu lui-
» même n'a pas craint de revêtir, et il s'élèverait
» un nouveau Bossuet qui, d'une voix de tonnerre,
» à l'aspect d'un pompeux monument renfermant
» une royale poussière, lui dirait, au nom du Tout-
» Puissant, que les rois sont comme leurs sujets de
» chair et d'os ; que Dieu ne prit point deux mor-
» ceaux d'argile pour façonner les humains, et que
» sous la pourpre comme sous la bure, nous sommes
» tous esclaves de la douleur et de la mort.

» Charles X, pénétré de l'étendue de ses devoirs
» de souverain et de chrétien, n'aura jamais besoin
» de ces salutaires avertissements ; mais certes,
» Messieurs, vous êtes maintenant bien convaincus
» que nous ne l'avons point offensé en l'appelant
» *homme franc.* »

Voilà, Messieurs, un magnifique langage, et une
bien éloquente réfutation. Le tribunal s'en montra
touché, car le délit d'offense à la personne du roi fut
écarté par les premiers juges, qui effacèrent aussi
celui d'offense à la dignité royale ; l'éditeur respon-
sable fut condamné sur les deux autres chefs.

Il y eut un double appel devant la Cour ; le débat

fut vif et passionné. Le défenseur choisi par le journal était le plus habile de notre province dans ces joûtes avec le parquet. Ecrite pendant la nuit qui précéda l'arrêt, la réplique fut complétement l'ouvrage de Vaissière. Si nous rappelons ce fait, c'est que nous y sommes autorisés par nos souvenirs personnels. Que la mémoire de l'avocat riche de tant de palmes oratoires veuille bien nous pardonner cette révélation posthume. M. Bayle eut toujours la modestie de décliner les honneurs de cette œuvre, l'une des plus spirituelles que nous ayons entendues. Quoi qu'il en soit, le journal fut condamné et devait l'être, car l'article que nous avons sous les yeux, au moment où nous écrivons ces lignes à trente années de distance du procès, renfermait bien les délits incriminés par le ministère public.

Voilà, Messieurs, l'historique de cette condamnation, la seule dont ait été frappé l'*Ami de la Charte*. Nous vous devions cet épisode, qui appartient à la vie de l'écrivain dont nous avons entrepris de vous tracer la biographie.

Le talent de Vaissière grandissait dans ces luttes journalières de la presse périodique. Toutes les questions soulevées par la publicité de la tribune et les événements qui surgissaient à cette époque d'une liberté souvent orageuse, trouvaient sa plume prête et au service de ses opinions. Doué d'une incroyable facilité de rédaction, la pensée se dessinait sur son papier aussi instantanément qu'elle s'imageait dans son cerveau. Les méditations du cabinet, le silence de la solitude ne lui étaient point nécessaires pour composer. Il trouvait en tout lieu et à toute heure les éléments et la forme d'un article politique ou littéraire. Nous lui avons vu rédiger son journal au milieu des bruyantes gaîtés d'un festin d'amis. Vaissière était l'Horace Vernet du journalisme. Et ne croyez pas, Messieurs, que dans ces improvisations de tous les jours, la netteté, la correction du langage, le choix et la logique des idées manquassent à ses compositions. Homme de goût et d'un sens exquis, ces qualités il les retrouvait dans toutes ses œuvres, même les plus rapidement écloses. Son esprit fin et légèrement railleur se plaisait à ces controverses qui se tranchent plus victorieusement par une saillie que par un raisonnement sérieux. Aussi mettait-il souvent en pratique, et toujours avec bonheur, ce précepte du poète le plus ingénieux de son temps :

Ridiculum acri
Fortius ac melius plerumque secat res.

Et cependant cette plume si facile, et que les irritations d'une polémique souvent passionnée auraient pu rendre si acérée, s'arrêtait toujours aux confins d'une plaisanterie de bon aloi. Dans ces petites guerres faites aux personnes, le stylet de notre collègue, comme celui de tant de ses confrères, aurait pu faire de profondes et de cruelles blessures ; il n'attaquait jamais que l'épiderme : c'est que, chez lui, le bon cœur de l'honnête homme savait dominer les velléités de l'homme d'esprit.

La révolution de 1830 trouva Vaissière attaché à la rédaction de son journal. Cet événement fut accueilli par lui avec un vif enthousiasme ; il donnait raison à toutes ses convictions.

Dès ce moment, les allures du journaliste devinrent plus franches, car les entraves qui, sous le gouvernement déchu, gênaient un peu la libre manifestation de ses opinions, avaient été brisées. La politique des hommes arrivés au pouvoir, celle du chef nouveau était la sienne. Son rôle devait changer. Mais n'y avait-il pas encore des lances à briser ? Ses adversaires de la veille ne deviendraient-ils pas ses adversaires du lendemain ? Le rédacteur de l'*Ami de la Charte*, qui n'avait pas effacé son titre, n'aurait-il point à combattre encore, sous un autre drapeau, les mêmes principes et les mêmes aspirations ? D'autres lutteurs ne descendraient-ils pas dans l'arène ? Quelques mois suffirent pour réaliser ces prévisions. Jusqu'alors, l'aristocratie avait eu sa part ; la démagogie vint réclamer la sienne. Le *Patriote* fut fondé ; ce fut la république incarnée dans la personne de l'un de ses plus fervents apôtres. Vaissière eut à subir ce nouvel antagoniste. Au début de cette feuille, il fut facile de juger ses tendances et surtout sa polémique.

Notre collègue acceptait toute discussion politique, lorsqu'elle ne sortait point du ton et des formes de langage usités entre écrivains qui respectent leur plume et leur caractère ; les controverses d'une tout autre nature lui étaient antipathiques. A l'apparition du *Patriote*, il crut devoir se borner à réfuter les doctrines du parti , sans faire mention du journal. Cet acte de dédain excita contre sa personne de vives animosités ; Vaissière fut mis au ban de la république. Cet ostracisme lui valut les honneurs d'un duel, et, à plus de dix ans de distance , ceux d'un toast en plein air, dont les échos de l'un de nos coteaux gardent encore le souvenir (1).

Vaissière était devenu propriétaire de l'*Ami de la Charte,* et il en partageait la rédaction avec l'un des citoyens les plus considérés de notre province. Les liens sympathiques qui l'unissaient à M. Perol leur firent solliciter en commun un brevet d'imprimeur. Ce brevet leur fut accordé. Cette fraternelle association dura jusqu'en 1836. Pendant cette période de temps , le journal eut à soutenir bien des luttes , et ses rédacteurs furent en butte à bien des attaques imméritées. Leur courage n'en fut point ébranlé ; la politique de l'*Ami de la Charte* resta fidèle à ses précédents : ferme sur les principes , modérée à l'égard

---

(1) Le banquet de Montaudoux.

des personnes. Nous aimons à rappeler ici un souvenir qui, nous en sommes convaincu, ne rencontrera
point de contradicteur parmi les hommes honorables
de tous les partis : lorsque, après la chute de la bran-
che aînée, tant d'irritation se manifesta chez les par-
tisans du coup d'Etat, une polémique agressive aurait pu trouver, peut-être, son excuse dans les ran-
cunes d'un passé encore tout palpitant. Le journaliste
avait trop le sentiment de sa valeur et la conscience
de ses devoirs d'écrivain, pour accepter un tel champ
de bataille. Désavoué par son cœur, non moins que
par son bon sens, le *vœ victis*, cette lugubre légende de tant de drapeaux triomphants, ne pouvait
s'échapper de sa plume. Vaissière soutint avec énergie, mais toujours dans la mesure d'un dévoûment
intelligent et humain, le gouvernement qui réalisait
ses espérances et donnait satisfaction à tous ses vœux.
Dans cette nouvelle campagne que la révolution de
juillet lui avait ouverte, « l'effort pour lui le plus
» pénible fut de rompre avec d'anciens amis dont il
» respectait les croyances, mais qui se trompaient sur
» les nécessités de l'époque et sur le caractère des
» institutions propres à nous régir. » Il y avait certainement du courage à se résigner à une pareille
rupture, car elle était grosse des stupides et redouta-
bles accusations d'inconséquence et d'apostasie. Vaissière ne balança point entre ses vieilles affections et
ses convictions de publiciste. La loyauté de ses in-

tentions fut méconnue, et la calomnie ne lui épargna aucun de ses poisons. Son âme loyale en fut profondément affligée, et toutefois il n'eut point à se repentir d'avoir suivi la route qui, au jugement de sa raison, lui paraissait la meilleure.

Mais le moment d'une vie moins agitée était arrivé pour lui. Il avait combattu pendant quinze années, ses forces commençaient à s'affaiblir dans ces joûtes sans relâche ni merci. La presse périodique, cette grande puissance de notre âge, usait vite même les plus vigoureuses intelligences. Quoique jeune encore, Vaissière était un vieil athlète du journalisme; il sentait, comme il le dit dans ses adieux au journal, le besoin de suivre le conseil d'Horace; l'heure du *Solve senescentem* lui semblait avoir sonné pour lui.

Une juste rémunération de ses travaux et de son courage vint le chercher dans son bureau de journaliste. Nommé receveur particulier à Civray, il fit ses adieux à la feuille sur laquelle il avait si longtemps jeté tout l'éclat de son talent, et à la province où il avait reçu un accueil si hospitalier.

Mais cet adieu ne devait être, pour notre pays, que l'expression touchante d'une courte séparation. Peu de mois après sa nomination à Civray, il fut appelé au même titre de receveur particulier à la résidence d'Ambert, et quelques années plus tard à celle de Riom.

Là se termine, Messieurs, la vie publique de l'écrivain politique : celle de l'homme de lettres et du poète était destinée à plus de durée. Commencée sur les bancs du collége, elle devait venir se briser sur la tombe.

Si, au temps de Boileau, un écrivain se fût avisé de faire la biographie d'un chansonnier, et surtout de la lire en pleine académie, une telle œuvre aurait, à coup sûr, appelé sur son auteur bien de dédaigneux sarcasmes, bien d'épigrammatiques quolibets ; car alors la Chanson, tolérée pourtant, sous le patronage de puissants protecteurs, à l'hôtel de Rambouillet, n'avait point obtenu son billet d'entrée dans le temple du Goût (1). Pauvre fille dégénérée de la grande famille littéraire, son temple à elle c'était le théâtre forain ; son autel, la table chargée de bouteilles d'un joyeux cabaret ; ses pontifes, de gais compagnons aux jambes avinées, à la face rougie, peu soucieux du présent, moins encore de l'avenir, et tels que le pinceau de Teniers nous en a transmis les types. Comment donc, avec de pareils attributs et ce grotesque entourage, aurait-elle pu se présenter dans cette galerie si parée, si fleurie, si parfumée, du roi le plus grand seigneur qui ait jamais occupé un trône ? Il faut bien l'avouer, toute spirituelle qu'elle était à cette époque, le négligé de sa toilette, la désinvolture de ses façons, la

---

(1) Ménage, Voiture, Benserade, Boileau lui-même, faisaient des chansons.

***

liberté de son langage, ne lui permettaient guère de se montrer en si bonne compagnie. Aussi, Messieurs, la critique l'avait-elle placée au dernier degré de l'échelle ; elle était à peine indiquée dans le catalogue des genres et des espèces :

Il faut, même en chansons, du bon sens et de l'art.

Ce mot terrible, tombé de la bouche du maître, était de ceux qui flétrissent s'ils ne tuent pas. La Chanson aurait eu cependant bien de justes réclamations à adresser à son juge. N'aurait-elle pas pu, par exemple, lui reprocher quelque peu de partialité, en faveur du rondeau, et surtout du *sonnet*, cet enfant gâté de Boileau, élevé par lui à la hauteur du poème épique, sous l'unique condition de naître avec toutes les perfections impossibles de sa petite nature ? N'aurait-elle pas été bien venue à solliciter une mention honorable pour la Fable, cette autre sœur, si malicieusement omise dans le tableau généalogique de la famille? Enfin, n'aurait-elle point été en droit d'invoquer pour elle l'antiquité de son origine et la noblesse de son écusson, riche de grands seigneurs, d'illustres prélats, d'hommes de lettres en renom, de poètes célèbres par de sérieuses compositions, sans parler d'un glorieux cortége de princes et de têtes couronnées, qui n'avaient pas craint de jeter quelques grains d'encens dans sa modeste cassolette? Mais elle était trop bonne fille pour protester contre son arrêt, et elle l'accepta avec résignation, comptant sur l'avenir pour une éclatante réhabilitation.

Ses espérances, Messieurs, étaient dans sa popularité. Elle savait que ceux qui parlent aux masses en sont toujours écoutés, surtout s'ils s'adressent à leurs instincts et à leurs passions, et elle avait trop de bon sens pour leur tenir un tout autre langage.

La Chanson, sans se préoccuper donc des dédains et des proscriptions d'un certain monde, ne changea ni ses habitudes ni le théâtre de ses succès ; elle continua sa petite guerre contre les puissances et les heureux du jour, trônant au cabaret dans ses costumes traditionnels, agitant ses grelots au-dessus de toutes les têtes qui dépassaient un peu la stature ordinaire, promenant son fouet de l'hôtel du ministre au palais du cardinal, le faisant même quelquefois sournoisement apparaître dans des sanctuaires beaucoup plus secrets, toujours rieuse, toujours opposante, et n'ayant d'autre souci que celui de passer à travers les mailles des filets de la police.

Cette vie ne pouvait guère lui conquérir sa place dans le temple du Goût. Les orgies de la régence, les galanteries du règne qui lui succéda, auraient pu peut-être élever son rôle et donner à ses allures un peu plus de dignité ; car, comme c'était le temps des grands scandales, pourquoi n'aurait-ce pas été aussi celui des sérieuses indignations ? Malheureusement, si à cette époque les cachots de la Bastille étaient ouverts aux grands seigneurs, ils n'étaient point fermés aux pauvres chansonniers : les uns et les autres étaient traités sur le pied de la plus parfaite égalité, et la Chanson se plaisait trop au grand air de la liberté, pour hasarder à plaisir ce bienfait sur un refrain.

Mais il était dans sa destinée de s'ennoblir avec les événements. Plus libre dans ses mouvements, elle ne tarda pas à comprendre qu'elle pouvait encore jouer son rôle avec d'autres manières et sous un autre vêtement. Le moment était arrivé où elle allait mettre, sans renier son passé, plus de discernement et plus de goût dans le choix de ses inspirations. La pauvre disgraciée de Boileau commença, à la fin du dernier siècle, à compter dans le monde poétique. En présence de tant de choses grandes ou terribles, quelques fibres éloquentes s'étaient réveillées dans son cœur. Sa voix avait retrouvé de nobles accents. Elle s'était élevée par l'enthousiasme ou par l'indignation jusqu'à la hauteur de l'ode, et si quelques retours sur son passé pouvaient faire douter d'un sérieux amendement, ces retours, il ne fallait les attribuer qu'à ces rares et intermittents accès d'humeur noire dont les meilleures organisations ne sont pas toujours exemptes. Toutefois, la transformation ne fut complète que dans le siècle suivant. Mais la gaîté et la raillerie, qui faisaient le fonds de son caractère, ne pouvaient l'abandonner. Seulement, sa gaîté devait avoir plus de décence, sa raillerie plus de délicatesse,

sans pourtant être moins acérée. La Chanson eut
enfin sa place non contestée dans la bonne compagnie. Ses refrains, essayés dans ces joyeux cénacles
d'hommes d'esprit et de bon ton, furent salués dans
le monde élégant, sans rien perdre de leur vogue
populaire. Ils eurent enfin les honneurs de la critique
littéraire. La Chanson s'était faite poète à la façon
d'Horace et de Pindare ; et croyez-vous maintenant
que l'austère ami du chansonnier Chappelle dédaigne-
rait aujourd'hui un peu de parenté avec Desaugiers,
Armand Gouffé, Scribe, et notre Béranger, ces glo-
rieuses personnifications de la Chanson française ?

Pardonnez-nous, Messieurs, cette monographie ;
elle était, nous le pensons du moins, dans notre sujet ;
car Vaissière appartient lui aussi à la famille des hommes
célèbres dont nous venons de prononcer les noms.

Notre collègue avait, à sa naissance, reçu du Ciel
cette *influence secrète* qui fait le poète. La bonne fée
l'avait touché de sa mystérieuse baguette, et, en le
touchant, elle lui avait dit : *Pauvre enfant, voici ton
luth, va et chante ;* et le pauvre enfant avait pris le luth
de la bonne fée, et s'était mis à marcher et à chanter.

Les œuvres des premières années de sa vie, nous
les ignorons. Pour nous le poète et le publiciste se
confondent dans une même date, s'associent dans un
même souvenir. A plus de trente années en arrière,
il nous apparaît encore assis à son petit bureau de
journaliste, écrivant le soir l'article qui devait paraî-

tre le matin, ou le matin la chanson qu'il devait chanter le soir, car chaque jour apportait son offrande à la politique ou à la poésie, et jamais l'inspiration ne manquait à la plume de l'écrivain, jamais à la muse du poète. Chantez-nous, disions-nous alors à Vaissière, les couplets que vous nous avez chantés hier ; et lui, avec son sourire légèrement narquois, nous répondait : Je préfère vous chanter ceux que j'ai faits aujourd'hui ; et il nous donnait les prémices de ces compositions si chaudes de verve, si étincelantes d'esprit, si rêveuses et si mélancoliques parfois, dont quelques refrains sans doute sont restés dans vos mémoires, mais qui semblent chanter encore dans la nôtre. Vous rappellerai-je, Messieurs, quelques-unes de ces œuvres pour ainsi dire improvisées entre deux soleils ? C'était chez nous le temps de la bonne et joyeuse opposition. Celle-là du moins ne hurlait point dans les clubs des paroles de menace ou de vengeance. Elle ne formulait pas de programmes de constitution contre la famille et la propriété. Elle se faisait à la clarté des bougies, au choc des verres, au milieu de gais convives, sans arrière-pensée d'ambition, tous unis par les liens d'une fraternelle affection. Vaissière y tenait la première place. Il y chantait ses spirituelles boutades contre les hommes du jour, ministres, députés, pairs ou courtisans ; quelquefois sa muse s'inspirait du fait politique de la semaine, d'une parole malheureuse tombée d'une bou-

-che parlementaire ou échappée à l'improvisation un peu suspecte d'un orateur du parquet. D'autres fois elle s'égayait en racontant sous la forme d'un placet au roi, ou d'une pétition aux chambres, certaines aspirations surannées, certains dévoûments tarifés à de trop hauts prix pour paraître désintéressés. Souvent aussi notre poète se plaisait à évoquer des souvenirs de notre vieille gloire, et à retracer quelque drame révolutionnaire ou de notre histoire contemporaine. Puis il trouvait de nobles chants pour la cause des Grecs, si sympathique au pays, pour celle de l'Amérique représentée par Bolivar, et de mélancoliques accents pour raconter, sous l'allégorie des derniers soupirs du cygne, la mort de Byron expirant sur cette terre poétique de la Grèce qui avait si souvent entendu résonner sa lyre, et qu'il venait défendre de son épée. Et à côté de ces tableaux, il faisait de temps en temps apparaître quelques-unes de ces piquantes caricatures dans lesquelles il excellait, telles que le *Départ de Moustapha* et la *Grande Parade du Luxembourg*. Tous ces sujets, Messieurs, il faut bien le dire, étaient alors le thème de l'opposition. La verve de Béranger leur avait donné une incroyable popularité. Celle de Vaissière était dans toute sa sève : elle suivait l'impulsion du maître. Nées des idées et des faits du temps, ces compositions ne peuvent être jugées aujourd'hui qu'au point de vue de l'art. Eh bien, à ce point de vue, il est difficile de ne pas y constater le cachet d'un talent poétique d'un ordre supérieur. Béranger lui-même, à qui Vaissière en avait fait hommage, les avait ainsi appréciées ; et tout en faisant la part d'une exagération de modestie, sans danger pour la gloire d'un aussi grand poète, le compliment qu'il a déposé dans ses œuvres à l'adresse de notre ami, restera dans les archives de Vaissière comme sa plus précieuse médaille (1).

Mais la muse du jeune homme ne s'exerçait pas seulement sur le terrain brûlant de la politique, elle jouait aussi avec des sujets moins sérieux. Avons-nous besoin de vous rappeler ces chansons toutes pétillantes de la franche gaîté de Panard et de la gaillarde hilarité de Rabelais : *le Délire Bachique*, *l'Optimiste à table*, *Ma Tante Urlurette*, *la Reine Marguerite*, et tant d'autres dont les refrains sont inscrits dans les discrets albums de ses plus intimes amis ? Nous préférons solliciter votre attention pour des œuvres empreintes de la personnalité de l'homme, et qui, tout en faisant ressortir la nature vraiment

---

(1) Si j'étais roi, roi de la chansonnette,
Comme en secret me l'a dit maint flatteur ;
Votre recueil à ma muse inquiète
Révèlerait un jeune usurpateur.
Car les conseils qu'en si beaux vers il donne
A ce bon peuple, objet de tant d'effroi,
Feraient trembler mon sceptre et ma couronne ;
Si j'étais roi.

poétique de son talent, mettent aussi en relief celle de son caractère.

L'imagination de Vaissière, vous le savez, le portait à la rêverie. Cette disposition constitutionnelle de son esprit se manifeste dans un grand nombre de ses poésies. Elle se montre dans son *Projet de solitude,* charmante chanson qu'il fit en 1824 ; dans ses *Illusions,* composées à la même époque ; dans ces délicieux couplets adressés à *Rose,* dont nous nous bornerons à citer le premier :

> Elle était lasse de gémir,
> Sous ces tilleuls elle repose ;
> Respectez le sommeil de Rose ;
> Elle m'a dit : Je veux dormir.
> Oiseaux à qui sa main chérie
> Présentait un léger repas,
> Si vous l'aimez, chantez plus bas,
> Chantez plus bas, je vous en prie,
> Par pitié ne l'éveillez pas.

La *Mort et le chansonnier, l'Ange et nos premiers parents, l'Absence, le Printemps, le Pasteur du hameau,* durent encore leur inspiration à l'âme rêveuse de Vaissière. Ecoutez cette stance de la dernière de ces pièces. Vous êtes en face d'une tombe. C'est celle du *pauvre pasteur.*

> Le deuil habite nos chaumières ;
> Il n'est plus ce pâtre sans fiel
> Qui sur nos champs, par ses prières,
> Attirait les bienfaits du Ciel.

> C'était le pasteur du village ;
> Il nous avait vus naître tous ;
> Et nos fils, oubliant son âge,
> Jouaient encor sur ses genoux.
> Il secourait le pauvre en sa détresse ;
> Quoique bien vieux, il aimait la jeunesse.
> Bons villageois, sur son tombeau,
> Venez pleurer le pasteur du hameau.

Tous les autres couplets ont la même teinte de mélancolie.

Il y a aussi bien de la rêverie dans cette sombre peinture du *moine*, dont les désirs s'exaltent par l'abstinence, et les excitantes austérités du cloître, pauvre martyr de la chair s'abritant aux pieds de la croix contre les ardeurs du soleil de ses passions de jeune homme ; et dans le tableau de cette *courtisane* aux sens blasés à force d'être assouvis, et qui, reposant sur de moelleux coussins, cadeaux d'une égoïste opulence, reporte une pensée amère sur le clocher de son village et la modeste couche où sa mère, en expirant, a maudit son berceau.

Mais la pièce de la jeunesse de Vaissière où la rêverie se révèle peut-être avec le plus d'énergie, est celle intitulée : le *Cimetière*. Cette pièce, que l'on peut lire, comme toutes celles dont nous avons cité quelques fragments, dans le premier recueil de ses chansons, est, à notre jugement, quoique la critique puisse y relever quelques négligences, l'une des plus remarquables de cette époque de la vie de notre poète.

Nous regrettons, Messieurs, que les bornes de ce travail nous obligent à restreindre nos citations. Toutefois, nous ne saurions omettre quelques autres chansons de Vaissière, beaucoup moins empreintes de rêveuse mélancolie, et qui, restées dans le souvenir de ses amis, doivent trouver place dans cette galerie. Ne seraient-ils pas, en effet, en droit d'accuser notre mémoire d'ingratitude, si nous laissions, sans les saluer comme de vieilles connaissances, passer devant nous *Epicure*, *Horace*, *Anacréon*, le *Mastodonte* et le *Roitelet*, ces deux antithèses de la création ? Le *Mastodonte*, qui se montra si spirituellement philosophe le jour où, dans le cratère de l'un de nos volcans éteints, il raconta son histoire à la Société géologique de France ; le *Roitelet*, dont nous vous prions d'écouter ces couplets qui nous semblent un vol fait à Lafontaine :

> Parmi les chantres du bocage,
> O toi ! le moins apprivoisé,
> D'un titre, enfant de l'esclavage,
> Dis-moi donc qui t'a baptisé ?
> Ta majesté, qu'une feuille recouvre,
> Du chasseur brave le canon.
> Mais tu n'as point de gardes ni de Louvre ;
> Pauvre oiselet, tu n'es roi que de nom.

> Né sous un bouquet de pervenche,
> L'aube sourit au premier jour
> Où tu volas de branche en branche,
> Bénissant le ciel et l'amour.

Mais des oiseaux la troupe rassemblée
   N'applaudît point à ta chanson ;
Libre et joyeux, chacun prit sa volée.
Pauvre oiselet, etc.

   N'accuse point la Providence,
   Qui t'a fait naître si petit ;
   Souvent tu trouves l'abondance,
   Lorsque là-haut l'aigle pâtit ;
Et quand l'hiver des plaines blanchissantes
   A flétri le dernier gazon,
Mourant de froid, tu souffres, mais tu chantes.
Pauvre oiselet, etc.

   Peut-être que du rang suprême
   Quelque flatteur t'aura parlé ;
   Ah ! sous le poids du diadème,
   Crois-moi, plus d'un front a tremblé.
Bien plus heureux, grâce à ton aile agile,
   Tu vas de la plaine au vallon,
Et tu t'endors sur la fleur immobile.
Pauvre oiselet, etc.

   Libre sous la voûte azurée,
   Reste toujours oiseau des champs ;
   Même en une cage dorée
   Tu ne trouverais plus de chants.
Que les vautours se disputent l'empire
   De la fauvette et du pinson,
Mais que toujours de toi l'on puisse dire :
Pauvre oiselet, tu n'es roi que de nom.

Enfin, Messieurs, ne serions-nous pas aussi quelque peu coupables, au jugement des nombreux disciples de l'ingénieux auteur de la *Physiologie du goût*, si nous ne faisions à l'*Hymne à la truffe* le plus gracieux accueil ?

La révolution de juillet nous ramène fatalement encore sur des terres qui ne sont ni de votre domaine ni du nôtre ; mais, tel est le malheur de notre position de biographe, qu'ayant à vous montrer le poète, il nous est impossible de laisser dans l'ombre l'homme politique ; car l'homme politique se manifeste toujours un peu dans les productions du poète. Le chansonnier Vaissière ne pouvait, sans félonie, renier Vaissière le publiciste. Lorsque l'écrivain défendait avec sa plume le trône nouveau, sa conscience interdisait à sa muse de le combattre avec des chansons. Il y avait certainement là un écueil, sinon pour le talent, au moins pour la popularité du chansonnier ; car la popularité, c'est le royaume de la chanson. Vaissière le savait et se résigna. Mais, s'il devait à ses convictions ce sacrifice d'amour-propre, sacrifice devant lequel tant d'autres ont reculé, il avait aussi des devoirs à remplir envers son passé. Injustement attaqué par ces homme sdont toute la politique se résume dans ce seul mot *opposition,* il eut à se défendre contre des accusations d'apostasie et d'ambition personnelle. Le journaliste avait fait sa réponse ; celle du poète ne pouvait se faire attendre. Cette double accusation était partie de deux camps bien opposés. Aux yeux des républicains de 93, Vaissière était un apostat ; aux yeux des royalistes de 87, il était un ambitieux.

Aux premiers, il répondait par sa pièce intitulée : *Mon apostasie;* aux seconds, par une invocation à son luth. Nous nous bornerons à citer deux couplets de la première de ces chansons, et un de la seconde.

Il disait aux républicains de 93 :

La loupe en main, cherchez bien dans mes rimes.
A vos fureurs, loin de m'associer,
Vous trouverez des pleurs pour les victimes
Qu'a fait tomber le triangle d'acier.
J'ai célébré le martyre et la gloire
Des Girondins devant la mort si grands,
De leurs bourreaux vous prônez la victoire ;
Non, non, jamais je ne fus dans vos rangs.

. . . .
. . . .

Je dors tranquille et sans remords je veille
Avec l'amour dont je bénis les lois ;
La muse vient chanter à mon oreille,
Des airs qu'on trouve aussi doux qu'autrefois.
Mais aux accords du mode d'Ionie
Que comprendraient vos suppôts ignorants?
De vos *poëlons* savourez l'harmonie ;
Non, non, jamais je ne fus dans vos rangs.

Il disait aux royalistes de 87 :

Censeurs jaloux, quand vos granges sont pleines
Ne puis-je pas glaner pour mes vieux jours?
Le temps n'est plus où rois et châtelaines
Donnaient asile aux pauvres troubadours.
Sur un grabat où la faim les dévore
Que de talents morts dans la puberté !

Mon pauvre luth, tu peux chanter encore
Le vin, l'amour, la liberté.

Oh ! oui , Messieurs, il pouvait chanter encore, le pauvre troubadour, car la récompense qui était venue le chercher n'avait rien qui pût détendre les cordes de son luth, et en rendre les accords moins harmonieux aux oreilles de tous les hommes honnêtes, sans distinction de couleurs et de drapeaux.

Nous voilà arrivés à la seconde période de la vie littéraire de notre collègue. Vaissière était devenu financier. Un terrible dilemme accueillit l'ordonnance de sa nomination : ou la poésie tuera la finance, ou la finance jettera sa sourdine sur la lyre du poète. Ainsi disaient les logiciens qui, du reste, avaient trop de bienveillance pour lui faire grâce du célèbre monologue de Figaro. Les supérieurs hiérarchiques du financier ne tardèrent point à réfuter la première partie du dilemme; Vaissière se chargea de réfuter la seconde, car loin de s'affaiblir dans l'exercice de ses nouvelles et très-prosaïques fonctions, son talent ne fit au contraire que se fortifier et s'épurer. Vous pourrez en juger par quelques citations prises au hasard dans ses œuvres inédites.

Les amis de notre collègue adressaient aux productions de sa jeunesse, une critique dont il reconnaissait lui-même la justesse. Cette critique portait moins sur le fond que sur la forme de certaines de ses compositions. Chez Vaissière, la pensée est toujours juste, souvent originale, rarement commune; son esprit rejette tout ce qu'il ne comprend point, et qu'il n'est pas sûr de faire comprendre. Parcourez ses œuvres, vous y trouverez des idées ingénieuses, parfois profondes, un peu trop délayées peut-être, mais constamment présentées sous la forme la plus intelligible. A la différence des disciples de la nouvelle école, il ne croit pas que les obscurités de la métaphysique et les arcanes de la psychologie puissent se passer des clartés de la langue vulgaire. Le reproche s'adresse surtout à l'extrême facilité dont il était doué ; cette facilité, qui ressemblait à une improvisation, ne lui permettait pas de revenir sur les premiers jets de son imagination ; il négligeait un peu le précepte du poète ; Vaissière n'effaçait point assez souvent. Il y a dans les chansons, même les plus remarquables, de sa jeunesse, quelques négligences de style qu'un examen un peu attentif aurait aisément fait disparaître. Il avait pour la rime le culte des grands maîtres de l'art, et il rimait avec une scrupuleuse exactitude ; cette loi, dont l'observation donne en général à la phrase poétique tant d'avantages sur la prose, il en était esclave ; mais son obéissance à ses sévères prescriptions le rendait parfois trop indulgent sur le choix du terme et l'élégance du tour.

Ces taches sont bien plus rares dans les compositions de son âge mûr : le goût du poète s'était épuré par l'étude et la méditation ; quant à sa verve, elle n'avait rien perdu de sa sève juvénile, seulement son domaine s'était élargi. Notre collègue n'avait pourtant point entièrement divorcé avec son ancienne maîtresse, la malicieuse chanson politique ; car, si cette chanson pouvait, avant la victoire de juillet, s'égayer aux dépens de l'aristocratie triomphante, elle avait bien aussi quelques raisons de rire aux dépens de la démocratie victorieuse. Le programme de l'opposition libérale de cette époque n'avait-il donc point son côté plaisant? Vous ne l'avez sans doute pas oublié ; ce programme se formulait dans ces deux mots cabalistiques, inscrits sur sa bannière et au frontispice de tous nos colléges électoraux : *Economie et Progrès*. La muse de Vaissière devait encore un salut à ce drapeau : elle le fit dans une piquante chanson intitulée la *Profession de foi du Candidat indépendant*.

Le chansonnier qui se permettait de telles énormités, était digne, assurément, du plus démocratique de tous les châtiments. On le lui fit bien voir ; seulement on se contenta du simulacre : Vaissière fut pendu en effigie. Mais sa muse avait toujours, comme la jolie Rosine de Beaumarchais, une vengeance prête ; sa vengeance s'exhala en couplets dédiés à l'un de ses amis. Ecoutez l'avant-dernier :

De l'arc-en-ciel qui brille après l'orage
Que le ruban soit enfin déroulé :

Plus de discords, plus de haine sauvage ;
Plantons le cep sur le sol éboulé ;
Dans ses sillons trop de sang a coulé.
O liberté ! ton arbre tutélaire,
Par la coignée ébranché, pourfendu,
Ne serait-il qu'un tronc patibulaire ?
Non, grâce au ciel, je ne suis point pendu.

Comme les professions de foi nous inondaient, pouvions-nous échapper au déluge des *systèmes ?* Ils nous arrivèrent par avalanches. La muse de Vaissière était trop courtoise pour leur refuser une place dans sa galerie ; ils y entrèrent avec les *Moines de la Chaise-Dieu*, sous le laisser-passer de la joyeuse chanson de table. Vous nous excuserez, Messieurs, de ne les inscrire ici que pour mémoire : aussi bien la chanson de table a besoin, pour se montrer avec tous ses avantages, d'un autre organe que le nôtre, et surtout d'un autre théâtre ; vous nous pardonnerez aussi notre discrétion envers la *Bonne Reine Marguerite, cette brillante fleur de l'arbre des Valois*, dont les aventures, si spirituellement racontées par Vaissière, ne doivent point, par respect pour le bandeau royal, percer les ruines du château d'Usson.

Mais peut-être nous sauriez-vous mauvais gré d'avoir usé de la même réserve à l'égard d'une autre composition de la même époque, blâmable sans doute au point de vue de l'orthodoxie chrétienne, mais qui trouve son excuse dans cette âme rêveuse dont nous vous avons si souvent entretenus ; nous voulons parler d'une ingénieuse fiction du paradis, présentée sous le titre de *Palingénésie*. De sa nature, la chanson est audacieuse, même envahissante ; *quidlibet audendi* paraît être sa devise ; elle a son permis de chasse et son droit de glandée sur toutes les terres. Nul ne songe à le lui contester, pas plus les théologiens que les philosophes. Ses titres sont dans sa légèreté et dans sa gentillesse ; la robe de docteur ne dissimule ni l'élégance de sa taille ni la gracieuse souplesse de ses mouvements, et c'est d'elle surtout que l'on peut dire :

Même quand l'oiseau marche, on sent qu'il a des ailes.

Voilà la chanson, telle du moins que Desaugiers et Béranger nous l'ont faite.

Qu'est-ce donc que cette *Palingénésie* de Vaissière ? Le mot le dit : c'est une *renaissance*, et cette renaissance s'opère juste au moment, si mal à propos redouté, de la destruction de notre terrestre enveloppe ; car la mort ne ressemble pas du tout à ce spectre grimaçant dont le type traditionnel nous a été transmis, depuis Adam, par la poésie ou la peinture, supposé que la peinture et la poésie soient contemporaines de notre premier père ; selon notre poète, la mort

Est un esprit au front brillant,
Au voluptueux sourire,
Chargé de nous introduire
Dans un monde plus riant.

Mais quel est le monde qui nous est réservé par cette gracieuse fée? Vaissière va nous le dire :

> Mes amis, loin de la ville,
> Une belle nuit d'été,
> Contemplez un ciel tranquille,
> Eclatant de majesté,
> Scintillant dans l'obscurité;
> Ces astres fixes ou mobiles
> Sont des continents, des îles
> Qui peuplent l'immensité.

Or, notre destinée est d'habiter successivement toutes ces régions éthérées, et d'y trouver nos aïeux et nos amis, sous des formes moins empreintes des misères qui sont le lot de notre pauvre petite planète, la plus disgraciée de la création.

> A chaque phase nouvelle,
> Sous un ciel plus azuré,
> Dieu revêt l'âme immortelle
> D'un limon plus épuré.
> Contre les chutes rassuré,
> Sans ballon et sans nacelle,
> Dans les airs, à tire d'aile,
> L'homme voyage à son gré.

Toutefois, Messieurs, ces pérégrinations aériennes seraient bien monotones, si un peu d'amour ne venait, d'étape en étape, les embellir :

> Car, sans l'amour, bien suprême
> Des cœurs tendres, délicats,

De l'immortalité même
Je ferais bien peu de cas.
Et si là-haut je ne devais pas
Revivre avec ceux que j'aime,
Mieux vaudrait l'affreux système
Que tout finit au trépas.

Rassuré contre cette désolante pensée, le poète se réveille, il se retrouve au milieu de joyeux amis auxquels il raconte sa vision; puis il termine par ce couplet:

Sur ce, buvons à la ronde :
Moi poète, je vous dis
Que chaque étoile est un monde,
Chaque monde un paradis.
Là, transformés et rajeunis
Dans une source féconde,
Nous boirons, avec son onde,
Tous les bonheurs réunis.

Convenez, Messieurs, que cette palingénésie, un peu épicurienne, vaut bien celle de Pythagore.

De la vision au conte fantastique, à la légende, à la ballade, et même au chant lyrique, la transition est naturelle. Vaissière devait y réussir. Son recueil manuscrit abonde en compositions de cette nature. Nous voudrions bien, dans ces études, pouvoir vous faire apprécier, sous le rapport littéraire, cette partie intéressante de ses productions, mais un scrupule nous arrête. L'analyse, ce mode généralement adopté par la critique, nous a toujours paru un procédé peu loyal envers cette charmante fille de l'imagination et du sentiment qu'on nomme la poésie. Comment, en effet, sans lui dérober une partie de ses charmes, la soumettre à une telle épreuve ? La poésie a besoin de sa toilette pour paraître avec tous ses avantages. Il lui faut la parure de sa garde-robe, les bijoux de son écrin, les cosmétiques de son boudoir. Or, l'analyse est-ce donc autre chose que l'acte d'une discourtoise indiscrétion ? Dépouiller pièce par pièce une jolie femme n'est-ce pas l'exposer à être mal jugée dans son ensemble ? Le plus grand ennemi du poète est celui qui, le réduisant par ce travail de décomposition à sa plus prosaïque formule, lui enlève ainsi tous ses moyens de séduction. La poésie est comme la fleur, elle se voit, elle se révèle, elle se respire, elle ne s'analyse point ; le contact d'une main amie, mais maladroitement curieuse, flétrit ses couleurs, et altère ses parfums. Nous croirions donc, Messieurs, nous rendre coupable au tribunal du goût, si nous infligions aux œuvres poétiques de notre collègue le supplice de l'analyse. Aussi, nous bornerons-nous à vous faire part de nos impressions. C'est ainsi que nous vous parlerons de sa ballade fantastique de la *Jument noire*, création qui semble sortie du cerveau d'Hoffmann ; du *Sylphe*, ce mystérieux lutin éclos d'une goutte de rosée, et dont il raconte, dans des vers aussi délicieusement vaporeux que son sujet, les folâtres aventures et les indiscrètes pérégrinations ; de sa pièce intitulée *les Vents*, inspiration du même genre, écrite sur le même rhythme, et dans laquelle il s'est plu à prodiguer les couleurs les plus variées de sa palette. Toutes ces compositions, et beaucoup d'autres qui leur sont contemporaines, quoique ordinairement chantées par Vaissière, nous paraissent de plus haute lignée que la chanson ; et si notre pòete se plaisait à leur donner des airs connus, c'est qu'il croyait, comme Lamothe, que les vers, étant enfants de la lyre, on devait

Les chanter, non les lire.

Nous en dirons autant, à bien plus forte raison, de la *Dore* et la *Dolore*, diamant à notre sens, l'un des plus précieux de sa couronne poétique, et dont il aimait à se parer dans toutes nos fêtes ; la *Dore* et la *Dolore*, ingénieuse antithèse qui, sous l'emblème de ces deux rivières, au cours si différent, aux mœurs si antipathiques, résume les aspirations instinctives de l'homme, et le drame mystérieux de sa vie. Permettez-nous de vous en citer quelques stances :

— On me nomme la Dore,
Je nais parmi les fleurs.
— Moi, je suis la Dolore,
La rivière des pleurs.
— J'aime les frais rivages,
Les verdoyants bocages,
Les vergers, les jardins.
— Et moi les pentes rudes,
Les âpres solitudes
Et les sombres sapins.

Toute la donnée du poème est dans ce couplet. Mais de quels heureux développements la muse de Vaissière n'a-t-elle pas su la féconder.

> L'été, sur la colline,
> Quand l'orage a soufflé,
> De ma sombre ravine
> J'aime à sortir gonflé.
> Tout ruisselant d'écume,
> Du noir rocher qui fume
> J'ébranle les parois ;
> Je détache les marbres
> Et j'abats les grands arbres
> Aux lisières des bois.

Voilà les mœurs de la Dolore ; celles de la Dore sont bien différentes.

> Plus heureuse, j'arrose
> Le modeste vallon
> Où mon onde dépose
> Un bienfaisant limon.
> J'anime la prairie,
> L'active métairie,
> Le rustique moulin.
> Sur la planche amincie
> Je fais grincer la scie
> Et polis le vélin.

> Rivière qui serpente,
> Torrent impétueux,
> Dieu créa votre pente ;
> Vous la suivez tous deux.
> Par une double voie,
> La tristesse ou la joie

> Vont au même destin.
> Les flots de la Dolore
> Aux ondes de la Dore
> Se mêlent à la fin.

Nous nous reprocherions, Messieurs, et quelques-uns de vous nous reprocheraient sans doute aussi, d'avoir, dans cette revue bien incomplète des œuvres inédites de notre collègue, laissé en oubli la *Diane matinale*, la rêveuse ballade de l'*Oiseau du Cimetière*, le *Chant des matelots*, hymne héroïque adressé aux dépouilles de Napoléon sur le vaisseau qui les rendait à la France, l'allégorie de *Prométhée*, cette poétique personnification des audaces et des malheurs du génie de l'homme, que nous regrettons de ne pouvoir citer dans son entier, mais dont vous pourrez apprécier le ton élevé et la portée philosophique par la strophe finale.

> Et cependant que tant de voix humaines
> De Jupiter célèbrent le vainqueur,
> Sur son rocher, chargé de lourdes chaines,
> L'affreux vautour se repaît de son cœur.
>> Mais, calme au sein de ses misères,
>> Il abandonne ses viscères
>> Au bec de l'oiseau carnassier;
>> Car il sait, martyr magnanime,
>> Qu'un grand génie est un grand crime
>> Que le malheur doit expier.

Enfin, Messieurs, ne serions-nous pas infidèles envers la mémoire de notre ami, si nous ne faisions saillir de son recueil ces stances, sous le titre de *Domine, salvum fac regem,* où il flétrit, avec une si douloureuse indignation, le régicide, ce crime endémique de notre époque, et celles où il plaisante, avec tant d'esprit et de raison, sur cette prétendue folie dont on voulut bien le gratifier ?

Le talent flexible de Vaissière lui permettait, comme vous le voyez, d'aborder les sujets les plus variés. La chanson politique, les couplets bachiques, même grivois, la légende, l'hymne lyrique et la fantastique ou gracieuse ballade.

En parcourant les manuscrits mis à notre disposition par la famille, nous nous sommes convaincus que ces genres de poésies n'étaient pas les seuls dont il se plaisait à occuper ses loisirs. La mort d'un vieil officier de l'Empire, qui lui était uni par les doubles liens de la parenté et de l'amitié, lui avait inspiré une pièce de vers où se révèle, à un haut degré, le sentiment religieux ; ce sentiment, du reste, se manifeste dans plusieurs de ses compositions ; et bien que quelques boutades de railleuse gaîté semblent peut-être infirmer ce jugement, nous pouvons affirmer que, surtout dans les dernières années de sa vie, son imagination était vivement frappée par les magnifiques spectacles et les grands enseignements du christianisme. Vaissière n'était point dévôt, mais il était trop poète pour ne pas être religieux ; et si quelques doutes pouvaient, sur ce point, s'élever dans quelques esprits, nous les engagerions à lire la *Priere du Villageois*, la *Chaumière auvergnate*, et le *Dimanche des Rameaux*.

La révolution de février, ce guet-apens d'une république souterraine, fut pour Vaissière un grave sujet de douleur, car elle brisait un trône et jetait sur la terre de l'exil une famille qui avait toutes ses sympathies. Quoique étranger alors à l'armée militante de la politique, lui, poète, ne devait-il pas aussi son offrande à la nouvelle déesse présentée à nos adorations ? Cette offrande, il l'adressa à la personne du plus illustre de ses pontifes. Sa pièce de vers à Lamartine n'a point été imprimée ; elle sort, par son ton et par sa forme, des habitudes ordinaires de Vaissière. Cette composition, qui a plus de quatre cents vers, appartient à la famille des *Némésis*, illustrées par Barthélemy.

Si 1830 avait vu éclater la fièvre peu dangereuse des *systèmes*, 1848 paraissait vouloir lui faire succéder celle beaucoup plus sérieuse des destructions. Dieu merci, notre pays était suffisamment semé de débris. Le bon sens de Vaissière comprenait qu'après tous ceux que nos révolutions avaient faits, le temps était venu de fonder quelque chose de durable, sur un sol si profondément affouillé. *Il faut édifier*, fut, dans ce moment, le cri de sa muse :

> Que d'Amphion la fable rajeunie
> Rassemble enfin tous ces groupes épars ;

C'est par l'accord d'une heureuse harmonie
Que des cités s'élèvent les remparts.
Bardes sacrés que poursuit l'anathème,
La gloire encor peut vous déifier :
N'invoquez plus le doute et le blasphème ;
    Il faut édifier.

Laissons debout la vieille cathédrale
Qui protégeait les peuples asservis,
Et respectons la pierre sépulcrale
Où nos aïeux dorment sur les parvis.
Avec le fer, si le temple s'écroule,
A quels serments désormais se fier ?
Pour abriter les grands comme la foule,
    Il faut édifier.

L'âme aimante de Vaissière devait lui faire rechercher les joies de la famille, et le calme bonheur du foyer domestique. Ceux qui ont vécu dans son intimité, savent si sur ce théâtre la poésie lui faisait jamais défaut. Ils pourraient vous dire quelques-unes de ces délicieuses veillées du coin du feu où notre ami apportait le tribut quotidien de sa communicative gaîté, qui éclatait tour à tour dans une chanson improvisée pour un anniversaire ou une fête patronale, dans une complainte de cour d'assises, dans une gaillarde boutade à l'adresse de son beau-père, dans une épître à Henri écrite sous la dictée de *Pierrot*, le moineau chéri, racontant son intéressante odyssée ; ils pourraient vous dire aussi combien de bouquets la main du poète a déposés dans la corbeille nuptiale de l'épouse, combien dans le corbillon de baptême de l'enfant. Pardonnez-nous, Messieurs, ces réminiscences de la vie intérieure de notre collègue : elles appartiennent à la biographie du poète, car elles rappellent de charmantes œuvres écloses au souffle des plus aimables et des plus touchantes inspirations. Pauvre Henri qu'il a tant aimé, pauvre femme destinée à le pleurer si longtemps, vous aussi, en fouillant comme nous dans ses archives, vous lirez sur ces feuilles volantes, toutes empreintes des grâces de son esprit, toutes palpitantes des bontés de son cœur, la biographie de votre ami qui n'est plus. Celle-là, notre plume serait impuissante à la reproduire ; et lorsque, dans bien des années, vous vous retrouverez tous deux agenouillés sur cette tombe, muette pour tant d'autres, vous serez consolés en vous disant, dans une pieuse étreinte : Cette voix qui chanta pour nous de si douces cantilènes, n'a point cessé de chanter, car ses accents résonnent encore dans nos souvenirs.

Depuis quelques années, Messieurs, la santé de Vaissière s'était profondément altérée, ses amis remarquaient avec inquiétude les traces d'un dépérissement incessant. Quelques symptômes d'une maladie de la moelle épinière et d'une affection au cœur s'étaient manifestés. Il était sujet à des vertiges, même à des évanouissements. Vaissière ne jugeait point son mal avec sa lucidité ordinaire. Il croyait à une névrose. Les eaux de Châtelguyon, qu'il prenait assez régulièrement, semblaient favorables à son état. Du reste, son esprit n'avait rien perdu de sa vivacité. Nous le retrouvions encore, dans nos réunions, avec sa verve d'autrefois. La muse ne l'avait point quitté. Il aimait à plaisanter avec sa maladie, qu'il appelait sa *bonne maladie*, et il lui faisait hommage d'une de ses plus spirituelles chansons, dans un banquet de famille où nous avions été convié. Nous n'oublierons jamais l'émotion produite sur tous les convives, par ce chant qui, hélas! devait être le dernier, car à ce moment il était mortellement frappé, et lui seul l'ignorait.

Lorsque Vaissière s'égayait avec une si rieuse philosophie sur sa *bonne maladie*, un bien cruel événement venait jeter un crêpe de deuil sur le peu de jours qui lui restaient encore. Le *Journal d'Alger* lui apportait la nouvelle de la mort d'Auguste Chauvy, cet ami le plus sympathique de tous ses amis, et dont il pouvait dire comme Montaigne de la Boëtie : « Je l'aimais parce que j'étais lui, et qu'il était moi. » La douleur de notre collègue devait son tribut à cette vieille et sainte fraternité. Vous savez par quelles touchantes expressions elle éclata sur cette tombe.

Mais l'heure allait aussi sonner pour Vaissière ; et lorsqu'il disait à Chauvy : « Encore quelques années, » et dans un monde meilleur, nous nous retrouve- » rons comme dans les joyeux banquets de notre » jeunesse, » il se faisait illusion sur le temps. La maladie ne ratifiait point le présage ; elle travaillait plus rapidement qu'il ne le croyait à son œuvre de destruction. Les prescriptions de la science pouvaient bien retarder de quelques mois le moment fatal ; mais un retour à la santé était impossible. Le 27 septembre 1855, Vaissière avait cessé de vivre. Il était âgé de 56 ans.

Cette mort eut dans le pays un douloureux retentissement ; car, si le talent de l'homme qui venait de succomber lui avait créé de nombreux admirateurs, les séductions de son commerce avaient su rendre son existence précieuse à bien des amis. A nous, Messieurs, le plus ancien de tous, revenait l'honneur de sa biographie ; et cet honneur, nous pouvions d'autant moins le décliner, qu'il avait aussi le caractère d'un engagement sacré, pris en présence de son cercueil, le jour où nous jetions un dernier adieu à sa dépouille, prête à disparaître sous le rideau de l'éternité.

Messieurs, notre tâche est achevée. Nous vous avons raconté toute la vie de Vaissière. Cette vie ne fut accidentée par aucun de ces événements si fréquents dans la carrière des hommes dotés par la Providence d'un cœur et d'une intelligence d'élite. Elle se résume toute entière dans les luttes du publiciste et les productions du poète. Le publiciste et le poète ont eu de l'éclat dans notre province ; ils en auraient eu, nous n'en doutons pas, sur une autre

scène. Pourquoi donc notre collègue n'eut-il jamais la pensée de sortir du modeste milieu qu'il avait choisi? La réponse, nous la trouvons dans son caractère et dans son amour pour le pays dont il était devenu, par son adoption, l'un des plus glorieux enfants. La plume de l'écrivain était trop insoucieuse de l'avenir, pour tenter les hasards et s'exposer aux déceptions d'une célébrité orageuse; et la muse du poète, trop reconnaissante pour chanter ailleurs que sur cette terre d'Auvergne qui lui avait été si hospitalière. Les œuvres de Vaissière nous appartiennent comme sa vie, car il nous les a léguées le jour où il déposa, dans ses adieux au journal et à la politique, ce touchant codicille : « C'est à l'Auver-
» gne, qui les a inspirés, que je dédie les refrains
» légers qu'elle aura vus naître et mourir. »

Clermont, impr. de Ferdinand Thibaud.